Die Magie der Delfine

Von Nadine Simmerock

AF284547

Gewidmet:

Für die Menschen dieser Erde, mögen
alle Herzen der Menschen aufgehen
und die Freude der Delfine die Herzen
erobern!
Vielen Dank für EURE Freude und
Liebe!

Inhaltsverzeichnis:

Der Ruf der Delfine

In meiner Kindheit waren die Delfine meine unangefochtenen Lieblingstiere. Sie verkörperten mir Herzensfreiheit, Freude und Leichtigkeit. Sie sind die Engel der Meere. Ich sehnte mich danach und überlegte mir oft, wie es wohl wäre mit ihnen zu schwimmen. Einer von ihnen zu sein, geborgen in einer grossen Delfinfamilie durch die Weltmeere zu schwimmen!
Diesen Film liess ich unentwegt vor meinem geistigen Auge abspulen!
Ich flog mit den Delfinen durchs Wasser und tanzte mit leichten, beschwingten Drehungen mit ihnen um die Wette, um dann aufzutauchen und auf einer Welle zu reiten. Diese Freiheit genoss ich als Kind und ich wusste, dass ich irgendwann mit den Delfinen schwimmen werde!
Der Ruf der Delfine hatte mich schon erreicht und mein Herz erobert.

Hawaii

Ich stieg mit meiner kleinen Tochter
Vanessa, sie war damals 2 Jahre alt, aus
dem Flugzeug. Wir atmeten die Luft
tief ein. Ich machte das immer so, wenn
ich an einem neuen Platz gelandet war,
aber diesmal auch sie.
In diesem Augenblick stieg uns der
himmlische Blumenduft in die Nase.
Wir schauten uns an und atmeten
nochmals tief durch. Wir dachten
beide, wir wären im Paradies gelandet.
Das waren wir wohl auch, denn wir
waren auf Hawaii! Die gesamte Luft war
durchdrungen von dem süssen,
lieblichen Duft der Blumen und als ich
aufblickte, hängte uns eine lächelnde
Hawaiianerin eine Blüten Lei um!
Da war ich also, mit meiner kleinen
Tochter, dem Ruf der Delfine gefolgt,
auf Hawaii.
Hier erlebte ich meine erste
Begegnung mit den Delfinen!

Die Zeit auf Hawaii war traumhaft schön und die Begegnungen mit den Delfinen unbeschreiblich.

Ich nehme dich jetzt mit an den zauberhaften Strand, wo ich das erstmal den Delfinen begegnete.

Daraus habe ich auch am Ende des Buches eine Meditation gemacht.

Der Strand war ein schwarzes Vulkanstrand. Um zu ihm zu gelangen mussten wir einen kleinen, steilen Weg hinabsteigen, dieser schlängelte sich langsam nach unten, bis wir plötzlich den riesigen, schwarzen Strand erblickten.

Er erstreckte sich vor uns wie ein Halbmond, wunderschön.

Der Vulkansand war warm und kitzelte angenehm unter den Füssen. Unter einer Palme setzten wir uns und genossen nur die einmalige Energie und das Meeresrauschen.

An solchen versteckten Orten ist Hawaii ein einziges Paradies, friedvoll aber ganz lebendig, wunderschön und gefüllt von der Delfinenergie!

Auf einmal fühlte ich tatsächlich den Ruf der Delfine, ich wusste ich muss ins Meer. Es gibt eine grosse Welle, die man überwinden muss, dann ist man im offenen Meer. Am Anfang war sie wie eine Barriere zwischen mir und den Delfinen, mein Herz raste, aber als ich die Welle überwunden hatte, kehrte Ruhe ein. Ich schwamm also ein Stück hinaus und meine Belohnung liess nicht lange auf sich warten.

Da waren sie!

Vor mir schwammen sie, eine ganze Gruppe von Delfinen. Es gab eine dreier Gruppe und eine zweier Gruppe. Sie tauchten auf und kurz darauf wieder ab. In leichten, fliessenden Bewegungen schwammen sie an mir vorbei und um mich herum. Ich spürte das Sonar auf meiner Haut.

Die Magie der Delfine hatte mich augenblicklich umhüllt und falls du dich jetzt fragst, was machte die Nadine, flippte sie wohl ganz aus? Nein, die Wahrheit ist, ich machte gar nichts, ich war total erfüllt und beobachtete diese wundervollen, schwebenden Tiere, wie sie mich einluden, ein Teil von ihnen zu sein und ich genoss die Vibration des Sonars auf meiner Haut.

In diesem Moment war mir ganz klar, die Delfine sind die Engel der Meere! Pure Freude stieg in mir auf und noch ehe es möglich ist diesen Moment festzuhalten, entschwinden sie und haben dein Herz erobert.

Ihre Gegenwart ist überwältigend und das kostbarste Geschenk das man sich vorstellen kann. Ich empfand nur noch Freude, Leichtigkeit, Liebe, Geborgenheit und Vertrauen.

Die Magie hatte mich in ihren Bann gezogen!

Freude

Freude ist der natürliche Zustand unseres Sein. Aber wir leben es nicht immer, da wir es so gerne von aussen abhängig machen.
Werde ich geliebt?
Habe ich diesen Gegenstand?
Besitze ich das?
Habe ich diese Arbeit?
Wenn ich das habe, dann bin ich voller Freude. Aber das ist nicht richtig.
Freude ist ein Gefühl das wir erzeugen können, müssen, dann ist man glücklich und freudvoll.
Freude fällt nicht einfach so vom Himmel und ist dann da, nein, es entsteht nur in uns selbst.
Die Delfine erzeugen in uns die Freude und wenn wir ihnen begegnen, fällt es uns viel leichter darin zu verweilen.
Erstens, weil sie so voller Freude und Herzenergie sind, das es die eigene Schwingung so erhöht, das jegliche

Ängste, Unsicherheiten, also tiefschwingende Energien abfallen und die Herzensenergie in eine völlig neue Schwingung kommt, und zwar der puren Freude!

Nochmal, Freude ist eigentlich ein absoluter Grundzustand von uns Menschen, aber warum sind dann eigentlich so viel traurig und unglücklich?

Weil wir es nie gelernt haben, keiner lernt uns, das die Freude in uns kreiert wird, das wir es leben müssen. Unsere Aufmerksamkeit geht nach aussen und die Abhängigkeit beginnt.

Das muss man verstehen, und die Wahrheit ist, das die Delfine dies schon leben. Sie sind die Freude und ich hoffe das du das auch ganz bald bist!

Freude! Pure Freude, aus dem Inneren heraus und nicht abhängig von Aussen. Zweitens, weil das Sonar was sie aussenden, absolut heilsam ist. Sie erzeugen diesen Pfeifton durch ihren

Nasengängen und senden es nach Aussen. Der Frequenzbereich der vom Delfin erzeugten Sonar/ Laut liegt zwischen 100 und 200 000 HZ.

Das dringt uns direkt in die Zirbeldrüse, Hypophyse usw und gleicht unser gesamtes Hormonsystem aus, was zu einem freudvollen Gefühl führt!

Freude sollte wirklich ein natürlicher Zustand in uns sein, so dass uns nichts durcheinanderbringen kann, was von Aussen auf uns einströmt.

Die Delfine helfen dabei und ich werde noch einige Techniken aufführen, die dir helfen in dir selbst Freude zu erzeugen, die dir nichts und niemand nehmen kann!!

Ich folge meinem Herzen

Ich kam wirklich erfüllt und verwandelt in Deutschland an und wusste das meine Zeit dort abgelaufen war. Ich war schon immer auf der Suche nach meinem Platz in meinem Leben.
Ich wusste das ich eingeborenes Sonnenkind war und so folgte ich meinem Herzen und der Weg führte mich nach Spanien, auf die wunderschöne Insel Mallorca.
Dort lebe ich nun seit mehr als 20 Jahre und habe erlebt, das es Delfine gab, dann so überfischt wurde das sie fast verschwanden und man ihnen mit dem Boot ab und zu begegnet ist.
Es waren Glücksfälle...
Aber mittlerweile gibt es sie und deshalb mache ich mittlerweile mit grosser Freude hier auf Mallorca das Delfinseminar.

Da es die Delfine nicht in Hülle und Fülle damals gab, sehnte ich mich weiterhin nach mehr Kontakt, so führte mich meine Reise nach Kalifornien. Dort gab es Delfine!

Kalifornien

Ich liebe einfach Amerika, wenn ich
dort lande, fühle ich mich zuhause!
Mein Herz geht auf und bin glücklich.
Vielleicht liegt das auch daran, das
mein meine Vorfahren von Amerika
sind und ich somit eine kleine,
verlorengegangene Amerikanerin
bin ;-)
Ich machte damals eine Ausbildung in
LA und gleichzeitig Urlaub mit meinen
Kindern.
Ich wusste das es hier viele Delfine gibt
und ich stellte mir immer wieder vor
ihnen wieder zu begegnen.
Ich spürte einfach ihre Magie, denn
ihre Magie verbreitete sich dort von
selbst, denn es gibt überall Delfinbilder,
die weiten, riesigen Strände, die Sonne,
Surfer, die unvergesslichen
Sonnenuntergänge... die Magie der
Freude und Leichtigkeit ist

allgegenwärtig und die Delfinspirit ist
überall.

Keiner von uns wollte wieder weg, ich
hatte meine Kinder angesteckt. Wir
waren eine Delfinfamilie geworden, die
in dieser wundervollen Energie
aufblühte und nach Delfin Ausschau
hielten.

An einem sonnigen Morgen
beschlossen meine grosse Tochter und
ich einen Spaziergang zu machen. Wir
beide genossen das aufgehende
Sonnenlicht und gingen ins Wasser.

Alles glitzerte um uns herum und dann,
ganz plötzlich tauchte aus dem Glitzern
eine Gruppe Delfine auf.

Sie waren da, in zweier Paaren tauchten
sie aus dem Wasser auf. Sie ähnelten
den Surfern, die darauf warten, eine
gute Welle zu erwischen, sich dann auf
ihr Brett zu schwingen und in Richtung
Ufer zu surfen. Genau das taten auch
die Delfine, mit jeder guten Welle

surften sie durchs Wasser und genossen es sichtlich.

Wir waren wie verzaubert, nur fünf Meter von uns entfernt tanzten sie durchs Wasser und luden uns ein ihre freudvolle Welt zu geniessen.

Alles was man solch einem Moment fühlt ist pure Freude und bedingungslose Liebe.

Ihre Schwingung erfüllte uns und ich spürte richtig wie sich meine Kreativität meldete.

Ich hatte eine neue Idee für ein Buch und für eine Ausstellung mit Kindern.

Also immer, wenn du in deiner Freude bist, bist du im Fluss, kommst du in dein Potential und du lebst dich.

Genau das passiert dann natürlich noch viel mehr, wenn wir den Delfinen begegnen und pure Freude und Leichtigkeit sich vervielfältigt in und um uns!

In LA war mir ganz klar, das ich die Delfine nie wieder missen möchte, nicht in meinem Leben und auch nicht im Leben von anderen.

So beschloss ich dort, einen Platz zu finden, wo es Delfine gab und ich gleichzeitig Seminare geben konnte. Also machte ich mich auf die Suche!

Key West- Florida

Ich wusste ich würde Delfinseminare geben ich wusste nur noch nicht wo es möglich war.

Also machte ich mich mal wieder auf die Suche und folgte meinem Herzen- und es führte mich auf ein neues nach Amerika.

Diesmal nach Key West in Florida. Ich packte meine 4 Kinder ein und das Abenteuer begann.

Wir landeten in Miami und ich fuhr mit ihnen bis nach Key West runter.

Einfach nur atemberaubend und unbeschreiblich.

Je näher wir Key West kamen, um so mehr erreichte uns die Delfinenergie.

Es ist paradiesisch dort, wunderschöne weisse Strände und das Wasser war perfekt.

Diesmal fuhren wir aber ganz gezielt mit dem Boot hinaus und der Kapitän wusste genau wo die Delfine zu finden waren, oder sie kannten ihn auch schon. Wer weiss.

Meine Kleinste war damals nicht mal 2 Jahre alt, aber sie sprang jedesmal ohne zu zögern ins Wasser zu ihren Delfinen. Es war unglaublich, da auch das Meer nicht sehr tief war.

Sagen wir es war einfach alles perfekt. So viele wunderschöne, zauberhafte Delfinbegegnungen haben wir dort erlebt. Es war einfach alles so einladend und wir konnten beruhigt untertauchen und das Sonar auf unseren Körpern spüren.

Diesen hohen Ruf, der den gesamten Körper umschmeichelt und man automatisch ein Teil der grossen Meeresfamilie wird.

Durch das Sonar hört man ob sie näher kommen und die Wahrheit ist, man spürt es auf und im ganzen Körper. Sind sie ganz nah, kann man ganz ins Wasser eintauchen und schwebt mit ihnen hindurch.

Wir fühlten uns selbst alle irgendwann wie ein Delfin.

Dann kam mein magischer Moment: Ich war mitten in einer kleinen Gruppe von Delfinen, es Schin als ströme ihre Liebe von einem Tier zum anderen und auch ich wurde eingeladen diese Liebe in mich aufzunehmen und sie weiterfliegen zu lassen.

Sie schwammen um mich herum und ein Delfin dreht sich zu mir. Einen Moment lang schwammen wir also Bauch an Bauch und pure Freude explodierte in mir.

Er dreht sich leicht um und ich konnte ihm direkt ins Auge blicken. Spricht man von Liebe auf den ersten Blick, dann war es um mich geschehen.

Ein Moment, den man mit menschlichen Worte nicht beschreiben kann. Ich war pure Freude und pure Liebe, ich war für kurze Zeit frei von meinem Körper, nur noch Freude.

Ich war ein Licht im grossen Ozean und es war einfach so klar, das alles, alles was wir fühlen aus uns entsteht.

Die Delfine helfen durch ihre hohe Herzschwingung und vervielfältigen alles was wir schon in uns haben. Sie erinnern uns nur daran, da sie schon so hoch schwingen, das wir aus Liebe, Freude und Vertrauen bestehen.

Es ist so, da ich hellsichtig bin sehe ich wohin wir ständig unsere Aufmerksamkeit richten, auf das Problem. Auf das was nicht klappt, es fühlt sich dann schwer an, traurig und man denkt warum Ich?

Aber richten wir unsere Aufmerksamkeit auf das Schöne, das Gute, kreieren wir automatisch Freude. Die Delfine leben danach, sie sind konstant im Positiven, im Herz. Das kreiert Freude, pure wachsende Freude. Ich wusste mit diesem Erlebnis, das ich das den Menschen zeigen muss. Wie sie ihre eigene Energie so lenken, das

sie konstant in der Freude leben. Keine gespielte, äusserliche Freude.
Nein, wahre, von innen entstandene Freude!
Ich machte mich also sofort auf die Suche, hier ein Delfinseminar zu geben. Ich hatte schon alles organisiert, als das Delfinschwimmen offiziell verboten wurde in Key West.

Meine Suche ging also weiter... denn auf Mallorca gab es immer noch nicht beständig Delfine!
Aber eins kann ich sagen, in Key West haben wir die schönsten Momente erlebt.

Pico- Azoren- Portugal

Es war gar nicht so einfach, denn an den meisten Plätzen dieser Welt durfte man nicht mehr schwimmen.
Aber da stiess ich auf die Azoren, die Inseln, mitten im Atlantik... wirklich irgendwo zwischen Lissabon und New York. Es ist eine Inselgruppe von 9 Inseln. Eine davon ist Pico und ich fand dort die Möglichkeit meine heissersehnten Delfinseminare zu geben.
Eins muss ich lassen, ich habe nirgends so eine Auswahl an Delfinen gesehen wie dort.
Es gab Momente da schwammen wir mit hunderten von Delfinen, du siehst sie dann auf allen Ebenen. Über Wasser, abtauchend, und dann nach unten hin, endlos, bis der Atlantik sie in seinen Tiefen verschluckt.

Und genau das ist es, der tiefe, dunkle Atlantik kann richtig Angst machen und er ist kalt.

Aber jetzt von Anfang....
Wir landeten auf der kleinen Insel. Vor uns ragte der Vulkan "Pico" empor. Eine kleine Wolkengruppe umhüllte seinen Gipfel, es war ein wunderschöner Anblick.
Die Azoren sind unglaublich grün. Als ich mich umdrehte lag das Meer vor mir und eine wahnsinns Energie war zu spüren.
Am nächsten Tag ging es direkt los! Auf ins Boot und zu den Delfinen. Was teilweise kein Zuckerschlecken war, denn der Atlantik ist echt tief, schwarz und kalt.
Wir mussten also Neoprenanzüge anziehen und die meisten aus der Gruppe bekamen beim Anblick der dunklen Tief echt ein bisschen Angst.

So, dann war es soweit, wir hatten Delfine gesichtet und was geschah? Alle wollten gleichzeitig rein... wirklich, alle Ängste und Unsicherheiten waren verflogen, nur vom Anblick der Delfine. Ja, so schnell werden Gefühle umgewandelt. Aus Angst wurde Freude. Aber die Wahrheit ist, man kann keine 2 Gefühle auf einmal haben, ich kann nicht gleichzeitig voller Angst und Freude sein. Das geht nicht. Entweder oder... aber befindet man sich in der hohen Schwingung der Freude der Delfine, erhebt man sich und kreiert Freude aus sich heraus. Und genau das war passiert und alle wollten gleichzeitig hinein.

Als wir die Ordnung wieder erlangt hatten gingen immer 2 Personen hinein... was für wahnsinnige Erlebnisse. Wir mussten uns teilweise nur ins Wasser legen und konnten geniessen, denn die Delfine waren überall.

Das war selbst für mich eine ganz neue Erfahrung, mit so vielen Delfinen zu schwimmen und manchmal hatte ich nicht mal das Bedürfnis ins Wasser zu gleiten... denn man sah, hörte und fühlte sie überall.

Wir konnten beobachten, wie sie aus dem Wasser sprangen, sich drehten, miteinander spielten und uns immer wieder einluden teilzuhaben.

Ihre Körper gleiteten durchs Wasser und bescherten uns unvergessliche Momente.

Freude leben

Ich brauche keine Erlaubnis oder Entschuldigung, um mich gut zu fühlen. Ich bin glücklich, weil ich mich dazu entschieden habe und zwar für immer!
Ich bin die Freude und das Glück in meinem Leben.
Durch meine Hellsichtigkeit konnte ich schon als Kind erkennen, das alles aus uns selbst entsteht. Klar gibt es viele äussere Einflüsse und sie können uns irritieren oder sehr weh tun, aber im Endeffekt sind es wir selbst, die das daraus machen was wir wollen!
Ich hatte einmal 2 Brüder betreut, es ging bei beiden um den Vater- die Wunden, die Narben eines wahnsinnig aggressiven Vaters. Ich stellte beiden ziemlich am Anfang die gleiche Frage, "Wie kommt es, das du da bist wo du bist, bei dem Vater was du hattest?"

Beide antworteten, unabhängig voneinander das Gleiche.... "Ja, was sollte aus mir werden bei diesem Vater..." nur der eine, er war im Gefängnis gewesen, fügte noch hinzu: "Ich konnte ja nur so werden wie er!" Und der andere war ein liebevoller Mensch mit Familie, er meinte "ich wusste ich würde nie so sein wie er, ich wusste ich war anders!"
Gleiche Vater, gleicher Einfluss, aber beide hatten was anderes draus gemacht!
Der eine hatte sich entschieden aus der Freude rauszugehen und ins Unglück, der andere hatte sich durch das Erlebte fest entschlossen glücklich und voller Freude zu leben.
Es gibt unausweichlich manchmal diese äusseren Einflüsse, aber es liegt in und an uns was wir daraus machen.
Freude liegt ganz allein in uns selbst und wir können sie jederzeit erzeugen und leben.

Ich muss eines dazu wissen, das meine innere Welt immer meine äussere Welt erschafft.

Lebe ich Freude, erschaffe ich eine wahnsinns Energie und das sieht man ganz deutlich bei den Delfinbegegnungen und wie sich die Menschen verändern.

Das Herz platzt auf, Freude strömt über, Kreativität erfüllt das ganze Sein und das alles passiert eigentlich aus uns heraus, die Delfine geben durch ihre hohe Energie nur den Anstoss!

Es ist alles schon in uns und bereit gelebt zu werden!

Mallorca

Und dann war es soweit, es gab auch beständig Delfine bei mir zuhause, auf meiner wunderschönen Insel Mallorca. Die Fischer hatten vor ein paar Jahren beschlossen mehr Fische übrig zu lassen und nicht immer alles leer zu fischen, so dass die Delfine immer Nahrung zur Verfügung hatten und sie fingen an zu bleiben!
Die zauberhaften Wesen blieben um die Insel herum.
Natürlich war sofort klar, das ich hier meine Delfinseminare geben werde. Ich war nun schon so oft bei den Delfinen draußen und es ist immer wieder absolut wundervoll und erfüllt mich mit Freude, das ich die Delfine tatsächlich so nahe habe und immer in dieser Delfinmagie sein kann.
Mit jeder Gruppe ist es ein Vergnügen hinauszufahren und Unmengen von Delfinen zu sehen, wie sie springen,

durchs Wasser schnellen und miteinander spielen.

Es ist wirklich unbeschreiblich.

Nun mache ich jedes Jahr im Juni ein Delfinseminar von 3 Tagen.

Wir lassen Ängste los, schaffen Platz für die Freude, gehen durch den Nullpunkt hindurch, verändern die Gehirnwellen, wir begeben uns vom Kopf in unser Herz, denn das Herz ist unser natürlicher Kompass und vieles mehr....
UND natürlich fahren wir am 3. Tag zu den Delfinen und geniessen ihre Präsenz!

Das öffnet komplett die Herzen und gibt einen Booster, so dass man nicht mehr hinabkippen kann. Man bleibt im Herzen, in der Freude und Liebe. Wenn der Herzkompass funktioniert, gehen wir sicher durch das Leben, denn dann gehen wir unseren Herzweg.

Vielleicht bist du ja das nächste Mal
dabei und erlebst mit mir die heilende
Kraft der Delfine!
Ich freue mich auf dich!

Bejahe die Freude:

Meine innere Welt erschafft meine äussere Welt!
Ich bin die Freude.
Ich weiss, dass ich grösser bin als alle Probleme.
Ich beobachte meine Gedanken und lasse nur die Gedanken zu, die mich beflügeln und mir Kraft geben.
Mein Ziel ist es ein Gedankenmillionär zu werden.
Ich segne alles Schöne und bin selbst gesegnet.
Pure Freude entsteht aus mir selbst heraus.
Jede Zelle hüpft vor Freude.
Freude ist Energie, Freude ist Power!

Die Delfinmeditation

Setzte dich ruhig hin, liess dir die Meditation einmal durch und dann tauche tief in die Delfinmeditation ein. Ich nehme dich jetzt mit nach Hawaii, atme tief durch und komme ganz zu dir.
Stelle dir nun vor, du stehst oben an den Klippen über dem schwarzen Strand.
Langsam gehst du jetzt den kleinen Weg hinab, bis du plötzlich den riesigen, schwarzen Strand erblicken kannst, der sich wie ein Halbmond vor dir erstreckt.
Der Vulkansand ist warm und kitzelt unter deinen Füssen. Du suchst dir, in Gedanken, ein schattiges Plätzchen unter einer Palme.
Du setzt dich und lehnst dich mit dem Rücken an, geniesse diese friedliche

Atmosphäre und das rauschen der Wellen!

Jetzt stehst du auf und gehst ins Wasser! Es ist angenehm warm und du schwimmst ein Stück hinaus!
Und da sind sie, du siehst sie, du hörst sie, du spürst ihre Energie!
Vor dir schwimmt eine Delfingruppe, in leichten, fliessenden Bewegungen schwimmen sie nun um dich herum.
Die Magie der Delfine umhüllt dich jetzt.
In diesem Moment ist dir klar, die Delfine sind die Engel der Meere.
Sie berühren dich jetzt in der Tiefe deines Herzens, wie es die Engel tun, dein Herzkompass schaltet sich jetzt an.
Die Gegenwart deiner Delfine ist überwältigend und wahre Freude, Leichtigkeit, Glück und Liebe erfüllen dich jetzt.

Atme tief ein und aus und geniesse
diese neue Energie!
Sag: "Ich bin pure Freude! Ich bin die
Freude und das Glück!"

Schwimme langsam hinaus und
komme mit 3 grossen Atemzügen
wieder in die Gegenwart zurück.
Alles liegt in dir selbst.
Bedanke dich bei den Delfinen und
natürlich ist die Delfinmagie um dich
herum.
Sie werden dich ab heute für immer
begleiten, wenn du magst.

Ich danke dir das du dabei warst und freue mich riesig das du bereit bist die Freude aus dir heraus zu leben.
Das ist so wunderbar und die Delfine sind bei dir. Glaube daran das ab jetzt Wunder in deinem Leben geschehen.

Herzlichen Dank Deine Nadine

Kontakt

www.nadinesimmerock.com

Facebook: @NadineSimmeock
Instagram: nadine.simmerock

E-Mail: nadine@nadinesimmerock.com
info@nadinesimmerock.com

Herstellung und Verlag:
BoD- Books on Demand, Norderstedt
ISBN: 978-3-7519-6972-7